El murciélago

El murciélago

Melissa Gish

Vida salvaje

CREATIVE EDUCATION
CREATIVE PAPERBACKS

Publicado por Creative Education y Creative Paperbacks
P.O. Box 227, Mankato, Minnesota 56002
Creative Education y Creative Paperbacks son marcas
editoriales de Creative Company
www.thecreativecompany.us

Diseño y producción de Tom Morgan (www.bluedes.com)
Dirección de arte de Rita Marshall
Editado de Alissa Thielges
Traducción de TRAVOD, www.travod.com

Fotografías de 123RF (Matt Caldwell), Alamy (Avico Ltd, Robert Fried, John Mitchell, Rolf
Nussbaumer, Krystyna Szulecka), Corbis (Visuals Unlimited), Dreamstime (Charlesoutcalt,
Dervical, Emersont, Luissantos84, Tnphoto, Worldfoto, Zolran), Getty (Tim Flach, Ronald Martinez),
iStock (Craig Dingle, Donald Gargano, Tom Grundy, Serge Leguevacques, Michael Lynch, Pamela
Moore, James Nader, Nicholas Rjabow), National Geographic (Lynn Johnson, Mattias Klum), Public
Domain, The Graphics Fairy (Karen), Wikimedia Commons (Drouais, Sardaka)

Library of Congress Cataloging-in-Publication Data
Names: Gish, Melissa, author.
Title: El murciélago / Melissa Gish.
Other titles: Bats. Spanish
Description: Mankato, Minnesota : Creative Education and Creative
    Paperbacks, [2024] | Series: Vida salvaje | Includes index. | Audience:
    Ages 10–14 | Audience: Grades 7–9 | Summary: "Brimming with photos and
    scientific facts, Bats treats middle-grade researchers and wild animal
    lovers to a comprehensive zoological profile of this marvelous mammal.
    Translated into North American Spanish, it includes sidebars, a range
    map, a glossary, and an ancient Aztec bat tale"— Provided by publisher.
Identifiers: LCCN 2022051145 (print) | LCCN 2022051146 (ebook) | ISBN
    9781640267367 (library binding) | ISBN 9781682772966 (paperback) |
    ISBN 9781640009028 (ebook)
Subjects: LCSH: Bats—Juvenile literature.
Classification: LCC QL737.C5 G56418 2024 (print) | LCC QL737.C5 (ebook) |
    DDC 599.4—dc23/eng/20221122

Impreso en China

CONTENIDO

En las profundidades de la selva tropical australiana, el cielo se oscurece mientras el sol empieza a hundirse en el horizonte. A gran distancia del suelo, las hojas más elevadas de un alto árbol de eucalipto tiemblan cuando una figura esbelta y resistente que cuelga de una rama alta comienza a moverse. Primero, voltea una cabeza peluda y, luego, se abren dos ojos redondos de color café anaranjado. Unas alas largas y angostas se despliegan hasta medir casi 5 pies (1,5 metros) de una punta a la otra, en un cuerpo velloso color negro y café dorado. Una hembra de zorro volador de anteojos — enorme murciélago frugívoro — cuelga de cabeza sostenida por sus patas traseras. Cuando la murciélaga estira sus alas, algo se mueve sobre su pecho. Es su cría que se aferra con fuerza a ella. La murciélaga se suelta de la rama del árbol y cae por un instante antes de agitar sus alas y elevarse en el aire. Sale con movimientos silenciosos para darse un festín de mangos, guayabas e higos.

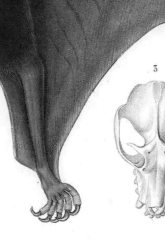

Estas ilustraciones de murciélagos fueron realizadas por el explorador y botánico francés J. Dumont d'Urville entre 1837 y 1840.

Volador peludo

Actualmente, sabemos de la existencia de más de 5.400 especies de mamíferos en la Tierra. Alrededor de 1.400 de estas son murciélagos, los únicos mamíferos voladores. Los murciélagos conforman un orden único dentro del reino animal llamado Chiroptera, que significa «mano-ala» y se divide en dos subórdenes diferentes: Megachiroptera (megamurciélagos) y Microchiroptera (micromurciélagos).

En América del Norte solo se encuentran 46 especies de murciélagos. Las demás están distribuidas por el resto del mundo, principalmente en las regiones tropicales, pero algunas viven también en el Ártico. En la Antártida no se encuentra ninguna.

Como todos los mamíferos, el murciélago es de sangre caliente. Esto significa que puede mantener su temperatura corporal a un nivel constante, sin importar la temperatura del exterior. Los mamíferos pueden ajustar la temperatura de su cuerpo: sudan para enfriarse o tiemblan para calentarse. Algunos mamíferos, entre ellos varias especies de murciélagos, **hibernan** cuando el clima es frío. Todas las madres murciélago dan a luz a crías vivas (en lugar de poner huevos) y producen leche para alimentar a sus bebés. Los parientes modernos más cercanos del murciélago son los **primates**. Los huesos del ala del murciélago son similares a los huesos del brazo y la mano de un humano. Pero los huesos de los cuatro dedos de los murciélagos son largos y están unidos por dos capas de piel que forman un ala. El ala se extiende a todo lo largo del cuerpo del murciélago y está unida a su pata trasera. Las dos patas traseras de la mayoría de los murciélagos están conectadas por una **membrana** llamada uropatagio. Algunas especies de murciélagos tienen también una cola unida a esta membrana. La mayoría de las colas son cortas, pero las tres especies de murciélagos cola de ratón tienen colas tan largas como su cabeza y su cuerpo juntos.

Como para volar se necesitan músculos fuertes, el pecho y los hombros del murciélago son las partes más fuertes de su cuerpo. La parte trasera del cuerpo del murciélago es pequeña y sus patas traseras son cortas, con garras afiladas diseñadas para ayudar al murciélago a aferrarse a las superficies mientras descansa en percha o cuando se acomoda para dormir. Los megamurciélagos también tienen una garra en el segundo dedo que usan para sujetar fruta, su principal fuente de alimento.

El murciélago está cubierto por un pelaje suave en todo el cuerpo, excepto las alas. El color del pelaje varía, del dorado pálido o naranja brillante al café oscuro o negro. Los murciélagos también varían en tamaño. Los más pequeños a veces se conocen como micromurciélagos. El murciélago más pequeño del mundo es el murciélago abejorro. Recibe ese nombre porque tiene casi el mismo tamaño que un abejorro. Mide tan solo 1,5 pulgadas (3,8 centímetros) de largo y pesa solo 0,05 onzas (1,4 gramos), más o menos lo que pesa una moneda de diez centavos. Los megamurciélagos son unos de los más grandes del mundo. También se los conoce como murciélagos de la fruta o zorros voladores. El murciélago más grande del mundo es el zorro volador filipino. Pesa hasta 3 libras (1,4 kilogramos) y tiene una envergadura de más de 5 pies (1,5 m).

Los dedos del murciélago son ligeros y esbeltos, pero lo suficientemente largos como para soportar y mover la membrana para volar.

En qué parte del mundo vive

Se pueden encontrar murciélagos en todo el mundo; desde el norte en el Ártico hasta el sur, si bien no llegan hasta la Antártida. Aunque la gran mayoría de los murciélagos viven en regiones tropicales, otros viven en América del Norte, Europa y en varios lugares del hemisferio norte. Los números representan algunas ubicaciones comunes de nueve especies de murciélagos.

1. Pipistrelo del este: mitad oriental de América del Norte y América Central

2. Murciélago de sacos: regiones tropicales de México, América Central y América del Sur

3. Murciélago vampiro común: desde México hasta Brasil

4. **Murciélago barbastela:** oeste de Europa y sur de Asia

6. **Murciélago orejudo dorado:** toda Europa y oeste de Rusia

5. **Murciélago ratonero grande:** sur de Europa y Turquía

7. **Murciélago de la fruta de color pajizo:** oeste y centro de África y toda la costa este

8. **Gran zorro volador:** Sudeste Asiático, particularmente en Malasia e Indonesia

9. **Murciélago fantasma:** norte de Australia

Los zoológicos y santuarios para animales obtienen permisos especiales para albergar sus propias colonias de murciélagos.

El murciélago vampiro se alimenta de la sangre de animales de granja, aves e incluso focas, durante unos 30 minutos seguidos.

Los diferentes murciélagos se alimentan de cosas diferentes. Tres especies de micromurciélagos se alimentan solo de sangre. Estos murciélagos vampiros se encuentran por todo México y América Central y del Sur. Mientras que las presas principales del vampiro común son los animales de granja, las presas del vampiro de alas blancas y de patas peludas son las aves. El murciélago vampiro usa sus dientes afilados para hacer cortes diminutos en la piel de su presa. Las sustancias en la saliva del murciélago mantienen la sangre de la víctima fluyendo mientras el murciélago lame la sangre con su lengua. Una onza (30 mililitros) de sangre suele ser suficiente para satisfacer al murciélago vampiro por dos o tres días.

Algunas de las 150 especies de megamurciélagos comen **néctar** y **polen**. Debido a su dieta, son importantes **polinizadores** y dispersores de semillas. De hecho, al menos el 95 por ciento del rebrote en las selvas tropicales se debe a los murciélagos que depositan semillas en su excremento mientras vuelan. Los megamurciélagos dependen de la vista para hallar alimento, por eso tienen ojos grandes que les ayudan a ver de noche. La mayoría de los megamurciélagos también pueden ver en color, lo que les ayuda a determinar qué frutas están maduras y qué flores están llenas de polen. La mayoría de las flores polinizadas por los murciélagos son de color pálido y resaltan en la oscuridad.

Los micromurciélagos dependen de la **ecolocalización**, en lugar de la visión, para maniobrar durante el vuelo y capturar los insectos que conforman su dieta. Estos murciélagos tienen ojos más pequeños y orejas más grandes que los megamurciélagos. Un solo murciélago puede atrapar entre 600 y 1.000 mosquitos y otros insectos en una hora. Algunos micromurciélagos también comen ranas, aves, peces e incluso otros murciélagos. Algunos, como el murciélago colicorto chico de Nueva Zelanda, comen tanto fruta como insectos; esta rara especie repta por el suelo para buscar su alimento.

A diferencia de las aves, los murciélagos no pueden volar desde el suelo. Deben dejarse caer desde arriba.

Algunos rasgos faciales ayudan a diferenciar —y a nombrar— a las especies de murciélagos. Algunos micromurciélagos tienen estructuras carnosas con forma de hoja sobre su cara llamadas hojas nasales. Los científicos creen que las hojas nasales ayudan a los murciélagos a dirigir sus señales de ecolocalización, que se envían a través de la nariz. Mientras que el murciélago más grande de nariz lanceolada tiene una hoja nasal larga con forma de lanza, el murciélago cara arrugada tiene una hoja nasal rechoncha que parece papel arrugado. El murciélago grande de herradura recibe su nombre por su hoja nasal con forma de herradura.

Algunos micromurciélagos, como el murciélago moreno, envían sus señales de ecolocalización a través de la boca. El murciélago moreno y el murciélago ceniciento son los únicos dos tipos de murciélago cuyas señales pueden ser oídas por los humanos. Las señales de ecolocalización de otros murciélagos son demasiado agudas para que el oído humano pueda detectarlas. El murciélago no es el único animal que usa ecolocalización. También la usan los delfines, las ballenas dentadas, las marsopas y algunos tipos de aves y musarañas.

El sistema de ecolocalización de los murciélagos es 1.000 veces más poderoso que la tecnología humana similar, como el sonar que usan los submarinos. Para ecolocalizarse, el murciélago envía pulsaciones de sonido de alta frecuencia que chocan contra los objetos que están a su paso. Estas pulsaciones de sonido rebotan, como ecos, y el murciélago puede detectar la ubicación y el tamaño de los objetos a su alrededor. Los objetos pueden ser tan grandes como una roca o un árbol, o tan pequeños como un mosquito. La capacidad del murciélago para ecolocalizarse es tan aguda —y su habilidad para volar tan precisa— que puede evitar chocar contra un objeto tan delgado como un cabello humano, aun en la oscuridad total.

La forma y el tamaño de una hoja nasal puede ayudar a los investigadores a identificar y clasificar a los murciélagos.

Colgado de cabeza

El murciélago es un animal nocturno, es decir, que está activo durante la noche en lugar de durante el día. De día, los murciélagos se reúnen en grupos para descansar colgados cabeza abajo en árboles, cuevas, acantilados y minas.

Un grupo de murciélagos es una colonia. Los murciélagos están más expuestos a los depredadores —búhos, halcones, serpientes y, en algunos casos, murciélagos más grandes— cuando están descansando, pero sus perchas protegidas les ayudan a permanecer **camuflados** y, cuando salen de sus perchas para buscar alimento, están en constante movimiento.

La mayoría de las especies de murciélagos no puede levantar vuelo desde el suelo; para ello, deben dejarse caer desde una altura. Cuando están en el suelo, sus garras afiladas les permiten trepar a los árboles y las rocas para lograr una mejor posición para el despegue. Las especies de murciélagos tienen diferentes estilos de vuelo según su tipo de cuerpo. Los murciélagos con cuerpo pequeño y alas grandes y anchas vuelan lento, pero maniobran bien para perseguir y capturar insectos veloces. Alrededor del 70 por ciento de las especies de murciélagos están conformadas para ajustar instantáneamente los movimientos de vuelo y cambiar de dirección mientras persiguen a su presa.

Algunos murciélagos con alas anchas pueden planear. Esto les permite alimentarse de néctar o polen de manera muy parecida a como lo hace el colibrí. Además de los colibríes

y unos cuantos insectos, ninguna otra criatura es capaz de realizar este tipo de movimiento con sus alas. Los murciélagos con cuerpos grandes y alas largas y angostas pueden volar a gran velocidad, pero con menos maniobrabilidad. Estos murciélagos pueden viajar largas distancias en busca de alimento.

En el invierno, colonias enteras de murciélagos pueden entrar en un estado de inactividad prolongada llamado hibernación, o pueden migrar hacia climas más cálidos. Algunos murciélagos, como el murciélago colorado, anidan solos. El murciélago colorado que vive en el sur de Estados Unidos a menudo no necesita migrar ya que los inviernos no son tan severos. Aún así, conservan el calor corporal durante la época más fría al pasar parte del día en un estado de letargo breve, lo que significa que las funciones y el **metabolismo** de su cuerpo se ralentizan. Por la noche, los murciélagos solitarios vuelven a estar activos. En las regiones tropicales, los murciélagos no migran ni hibernan.

Las colonias pueden contener una docena de miembros o menos, pero la mayoría contiene muchos más. El Parque Nacional Carlsbad Caverns, en Nuevo México, es la morada de verano de unos 400.000 murciélagos de cola libre. La cueva de Bracken, en Texas, es el hogar de muchos más de esta especie: alrededor de 20 millones.

Casi todas las especies de murciélagos se comunican entre sí mediante clics vocales y silbidos que los humanos pueden oír. Los murciélagos también hacen marcas de olor al secretar un líquido oloroso de sus glándulas odoríferas que están cerca de sus rostros o sus alas, y también pueden usar movimientos corporales y maniobras aéreas para comunicarse. Los murciélagos usan estos métodos de comunicación para identificarse y atraerse entre sí, especialmente durante la época de apareamiento.

El murciélago magueyero menor se alimenta principalmente de néctar en el sur de Estados Unidos y en México.

El clima en el que viven los murciélagos suele determinar el momento de su temporada de reproducción. Esto es para que las crías nazcan en una época de abundantes fuentes de alimento. Los murciélagos de clima frío en general se aparean en otoño antes de hibernar, pero las crías no empiezan a desarrollarse dentro de sus madres sino hasta el inicio de la primavera. Muchos murciélagos tropicales se reproducen de acuerdo con las temporadas de lluvia y de sequía de sus hábitats, y algunas especies pueden tener dos períodos de reproducción al año.

Algunas especies, como el pequeño murciélago café, se aparean al azar dentro de la colonia. Para otras especies, entre ellas el murciélago de sacos, el cortejo es un proceso complejo que consiste en dejar marcas de olor y emitir cantos especiales. En el caso del falso vampiro listado, los machos reúnen a las hembras en grupos y las defienden de otros machos como parte del cortejo.

La **gestación** varía según la especie y dura desde 40 días a 6 meses. Las crías del murciélago nacen con las patas para adelante, algo inusual en los mamíferos. La madre murciélago se cuelga de una percha con las garras de sus alas y enrosca la membrana de las patas y la cola para crear un saco donde la cría cae al nacer. Luego, instintivamente, la cría gatea hacia el vientre de su madre y se sujeta fuertemente a su pecho, alimentándose de la leche que ella produce.

La mayoría de las murciélagas tienen una cría al año. Varias especies, como el pipistrelo del este americano, dan a luz a gemelos, y solo algunas especies de murciélagos pueden tener más de dos crías a la vez. Los murciélagos colorados, que suelen dar a luz a tres o cuatro crías, son los únicos murciélagos cuyas hembras tienen cuatro pezones, lo que les permite alimentar hasta cuatro crías al mismo tiempo. Todos los demás murciélagos tienen solo dos pezones. Con camadas tan poco numerosas, los murciélagos son unos de los animales de reproducción más lenta de la Tierra.

Las colonias de murciélagos suelen aceptar nuevos miembros en su grupo y esto ayuda a aumentar la variedad de parejas disponibles.

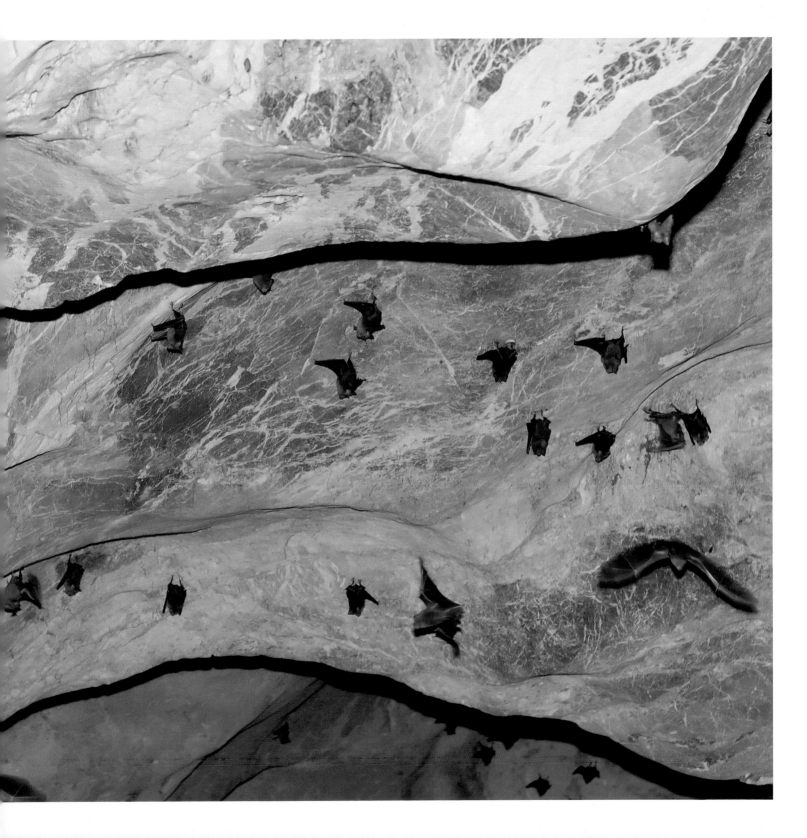

Mientras que los murciélagos que se alimentan de frutas y néctar tienen lenguas largas, aquellos que se alimentan de insectos pequeños tienen lenguas cortas.

Dependiendo de la especie, las crías recién nacidas pesan entre 10 y 35 por ciento del peso de su madre. Por ejemplo, una murciélaga morena adulta pesa 0,8 onzas (23 g) y suele dar a luz a gemelos, cada uno de los cuales pesa 0,14 onzas (4 g), es decir, casi un tercio del peso de la madre en total. Mientras que los micromurciélagos nacen ciegos y calvos, los megamurciélagos nacen peludos y con los ojos abiertos. Todas las crías dependen de la leche y la protección de sus madres. Las hembras de la mayoría de las especies de murciélagos son las cuidadoras principales, pero unas cuantas especies, como el murciélago de alas amarillas de África y el murciélago lanudo papiloso de Asia, viven en grupos familiares y los padres ayudan a cuidar de las crías.

Algunas madres cargan a sus crías cuando cazan, pero otras las dejan colgando de las paredes de la cueva o bajo el cuidado de una «niñera» murciélago. Cuando la madre regresa a la colonia, puede identificar a sus crías por sus sonidos vocales y su aroma únicos. El desarrollo varía según la especie, pero en general es rápido. La mayoría de los murciélagos empiezan a volar entre las dos y las cuatro semanas de edad y dejan de alimentarse de la leche de su madre poco tiempo después, cuando se vuelven autosuficientes.

Los zorros voladores aprenden a volar cuando tienen unos tres meses de edad y entonces ya están listos para buscar alimento.

En el mundo de los mamíferos, la regla general es que los animales más grandes viven más tiempo. Por ejemplo, mientras que la ballena azul puede vivir 80 años, los ratones solo viven alrededor de 2 años. Los murciélagos no siguen esta regla. Para ser tan pequeños, los murciélagos tienen una vida increíblemente larga: la mayoría vive más de 20 años. El murciélago más viejo del que se tiene registro era un murciélago de Brandt que los científicos habían marcado y luego recapturaron 41 años más tarde.

Criaturas de la noche

Al estar equipados con el poder de volar y la capacidad de desplazarse velozmente en la oscuridad, los murciélagos se han asociado tradicionalmente con seres sobrenaturales que poseen poderes de otro mundo. Mientras que algunas culturas sentían temor por estas criaturas de la noche, otras las respetaban e incluso las adoraban. A lo largo de la historia de la humanidad abundan las leyendas ancestrales sobre los murciélagos.

En la antigua Roma, se creía que los murciélagos tenían mejor temperamento que los humanos, ya que vivían en grandes grupos y cuidaban unos de otros. En una parte de su poema de 12.000 versos, *Metamorfosis*, Ovidio cuenta cómo las hijas del líder griego Minias se rehusaron a asistir a una fiesta importante. Para darles una lección, las convirtieron en murciélagos para que estuvieran obligadas a quedarse en casa y obedecer a su padre.

En el *Popol Vuh*, un antiguo libro maya que proviene del pueblo que alguna vez habitó Guatemala, se cuenta una historia sobre monstruos con forma de murciélagos que tratan de matar a los héroes, dos hermanos gemelos que emprenden una increíble travesía. Algunos expertos creen que esas criaturas estaban basadas en la especie ahora extinta del murciélago vampiro gigante.

Se han encontrado figuras de murciélagos en el arte y la arquitectura centroamericanos provenientes de la cultura maya.

En la tradición china, cinco murciélagos representan las Cinco Bendiciones: larga vida, riqueza, salud, virtud y muerte natural.

Es posible que cuando se concibió el *Popol Vuh*, hace casi 3.000 años, estos murciélagos todavía existieran junto con el pueblo maya.

La creencia en las criaturas con forma de murciélagos del *Popol Vuh* persistió y dio pie al surgimiento, alrededor del 100 a. C., del **culto** a Camazotz entre los zapotecas del sur de México. Los expertos creen que las descripciones de este aterrador dios murciélago del inframundo estaban basadas en la especie de murciélago denominada falso vampiro de Linneo. Este murciélago carnívoro es conocido por abalanzarse sobre aves, lagartijas y otras presas pequeñas —incluidos otros murciélagos— y sujetar el cuello del animal para matarlo.

Al vivir en zonas habitadas por murciélagos, muchos pueblos ancestrales integraron a estas criaturas en su **mitología** cultural. En la región del Gran Chaco en el norte de Argentina, un país en América del Sur, el pueblo toba creó la leyenda de un hombre murciélago heroico que le enseñó a su gente a vivir como los primeros seres humanos. El pueblo nativo americano de los pomo, en California, también creía que los murciélagos eran criaturas útiles. Contaban historias de cómo los murciélagos masticaban trozos de obsidiana (una roca vidriada volcánica) y luego escupían puntas de flecha perfectamente formadas. Algunos expertos creen que este mito se creó para explicar por qué el murciélago orejón californiano tiene hojas nasales con forma de punta de flecha.

Además de explicar las relaciones entre los humanos y la naturaleza, los mitos pueden intentar explicar las razones de los acontecimientos naturales. Los apaches del suroeste de los Estados Unidos tienen un mito que explica por qué las alas de los murciélagos no tienen pelaje ni plumas. Jonayaiyin, el hijo del Sol, le dio plumas de águila al Murciélago, pero las aves se robaban las plumas y el Murciélago visitaba a Jonayaiyin para pedirle más. Con el tiempo, Jonayaiyin le dijo al Murciélago que ya no podía darle más plumas porque no las cuidaba y, desde entonces, las alas del Murciélago están desnudas.

Cuando hace frío, los murciélagos se envuelven con sus alas pegadas al cuerpo mientras descansan en percha, pero cuando hace calor, extienden sus alas.

Las hijas de Minias transformadas en murciélagos

El fin era de sus palabras, y todavía de Minias la prole apresura la tarea y desprecia al dios y su fiesta profana, cuando unos tímpanos súbitamente, no visibles, con roncos sonidos en contra rugen, y la flauta de combado cuerno, y tintineantes bronces suenan; aroman las mirras y los azafranes y, cosa que el crédito mayor, empezaron a verdecer las telas y, de hiedra en la faz, a cubrirse de frondas la veste suspendida; parte acaba en vides, y los que poco antes hilos fueron, en sarmiento se mutan; de la hebra un pámpano sale; la púrpura su fulgor acomoda a las pintas uvas.

Y ya el día pasado había y el tiempo llegaba al que tú ni tinieblas, ni le pudieras decir luz, sino con la luz, aun así, los confines de la dudosa noche: los techos de repente ser sacudidos, y las grasas lámparas arder parecen, y con rútilos fuegos resplandecer las mansiones, y falsos espectros de salvajes fieras aullar: y ya hace tiempo se esconden por las humeantes estancias las hermanas y por diversos lugares los fuegos y las luces evitan, y mientras buscan las tinieblas, una membrana por sus pequeñas articulaciones se extiende e incluye sus brazos en una tenue ala; y, de qué en razón hayan perdido su vieja figura, saber no permiten las tinieblas. No a ellas pluma las elevaba, a sí se sostenían, aun así, con perlúcidas alas, y al intentar hablar, mínima y según su cuerpo una voz emiten, y realizan sus leves lamentos con un estridor, y los techos, no las espesuras frecuentan, y la luz odiando, de noche vuelan y de la avanzada tarde tienen el nombre.

Del Libro IV de *Metamorfosis*, Ovidio (43 a. C.–17 d. C.), traducción: John Dryden (1631–1700) (inglés); Ana Pérez Vega (español)

Los murciélagos también son considerados seres espirituales en muchos mitos culturales. Otro grupo de pueblos del suroeste, los navajos, creían que el murciélago, Jaa'aban, podía ir a lugares donde la gente común no podía ir y traer mensajes del Dios Parlante, el principal dios navajo, a los humanos. En la antigua China, la gente agradecía a los murciélagos por comerse los mosquitos transmisores de enfermedades y los incluían en las imágenes de Shou Xing, dios de la longevidad; y en África, algunas personas en Uganda y Zimbabue aún creen que los murciélagos son espíritus amables de los muertos. Sin embargo, no todos los espíritus murciélago son bienvenidos. En Ghana, la gente le teme a los grandes murciélagos de la fruta por considerarlos demonios.

La mitología europea sobre los murciélagos tradicionalmente también los ha representado con una connotación negativa. A finales del siglo XVIII, los murciélagos se asociaron con historias de vampiros. En la década de 1750, el **zoólogo** francés Georges-Louis Leclerc viajó por todo el mundo para recopilar su *Histoire Naturelle*, una serie de enciclopedias ilustradas de historia natural. Sus observaciones de los murciélagos sudamericanos que bebían sangre hizo que los llamara «vampiros». Los escritores de cuentos de terror populares en Europa no dudaron en incluir a los murciélagos vampiros en sus aterradoras historias.

El mito del murciélago vampiro no solo perduró, sino que creció. En 1897 el escritor irlandés Bram Stoker publicó *Drácula*, quizás la novela de vampiros más famosa jamás escrita. El personaje principal de esta novela de terror, el Conde Drácula, podía transformarse en murciélago y, desde entonces, se relacionó a los murciélagos con los vampiros. No obstante, no todos los murciélagos de la literatura siguen teniendo lazos con los vampiros.

En la serie *Trilogía de los ratones de Deptford* (1989-90) de Robin Jarvis, autor de novelas fantásticas británico, dos murciélagos hermanos llamados Orfeo y Eldritch pueden predecir el futuro. Además, en la serie *Silverwing* (1997-2007) del autor de libros infantiles canadiense Kenneth Oppel, un grupo de murciélagos heroicos se embarca en una peligrosa aventura y demuestran una fortaleza y un valor extraordinarios.

O tro héroe de ficción que desafía los estereotipos comunes sobre los murciélagos en la cultura popular es Batman. Creado por primera vez en 1939 por el dibujante Bob Kane y el escritor Bill Finger de DC Comics, Batman combate al crimen sin la ayuda de ningún superpoder. Con máscara y traje con alas de murciélago, Batman, también conocido como el caballero de la noche, es silencioso y veloz como un murciélago. También es justo y compasivo, una figura solitaria que recuerda a las míticas criaturas murciélago de la antigüedad que cuidaban y ayudaban a los humanos.

A menudo aparecen murciélagos reales en la televisión y en las películas, principalmente en historias de terror sobre vengativos murciélagos chupasangre. Pero estos animales también fueron valiosos para el gobierno de EE. UU. durante la Segunda Guerra Mundial (1939-45). En 1943, en un proyecto ultra secreto se experimentó con «murciélagos bomba»: consistía en amarrar bombas diminutas a murciélagos, soltar a las criaturas en las ciudades japonesas por la noche y luego detonar las bombas con temporizadores mientras los murciélagos dormían colgados en los edificios durante el día. Se gastaron dos millones de dólares en el proyecto hasta que se lo abandonó para seguir desarrollando el proyecto de la bomba atómica.

Los murciélagos vampiros son los únicos mamíferos con órganos que detectan el calor: unos orificios alrededor de las hojas nasales que detectan la temperatura de la piel de sus presas.

A pesar de las muchas conexiones que los humanos han tenido con los murciélagos, desde hace mucho tiempo las personas son la mayor amenaza para estos animales. La necesidad de conservación de los murciélagos se ha vuelto más urgente en los últimos años, a medida que el desarrollo urbano y otras actividades humanas afectan a las poblaciones de murciélagos. Un cuarto de las especies de murciélagos del mundo aparecen como amenazadas o en peligro de extinción en la Lista Roja que publica la Unión Internacional para la Conservación de la Naturaleza.

La visita de Bram Stoker a la Abadía de Whitby en Inglaterra en 1890 lo inspiró a incluir este tenebroso lugar en su novela *Drácula*.

Cuento de animales: Cómo el murciélago dio forma a la Tierra

El murciélago es uno de los animales más importantes en muchas tradiciones de los pueblos originarios del continente americano. Su figura aparece en pinturas rupestres, en joyas y objetos, y en **tótems**. Esta antigua leyenda azteca sobre la creación, que ha sido contada por los pueblos del centro de México durante más de 500 años, cuenta cómo el murciélago ayudó a crear las montañas y los valles del mundo en la época de «los antiguos pobladores».

Cuando empezó el mundo, todo el terreno era plano. Al caer la lluvia, la tierra se volvía húmeda y lodosa durante días y días, y el maíz se pudría en los campos. Los antiguos pobladores intentaban hacer todo lo que podían para dar forma a la tierra para que los cultivos pudieran crecer, pero nada funcionaba. La lluvia azotaba a la Tierra, y el terreno seguía plano, y el maíz se desmoronaba en los campos y era arrastrado en pedazos por el agua.

Los antiguos pobladores pidieron ayuda a la Lagartija y a la Serpiente. «Por favor, arrastren sus cuerpos por todo el terreno para darle forma y que el maíz pueda crecer», les pidieron. La Lagartija y la Serpiente arrastraron sus cuerpos por todo el terreno durante tres días, pero no pudieron cambiar su forma. El terreno seguía siendo plano.

Entonces, los pueblos pidieron ayuda al Conejo, al Oso y al Lobo. «Por favor, brinquen, den pisotones y corran por todo el terreno para darle forma y así pueda crecer nuestro maíz», les pidieron. Durante dos días, el Conejo brincó por todo el terreno. El Oso dio pisotones por todo el terreno. Y el Lobo corrió por todo el terreno. Pero no pudieron cambiar su forma; el terreno seguía siendo plano.

Los pueblos pidieron ayuda a todas las aves. «Por favor, vuelen por todo el terreno para cambiar su forma y así pueda crecer nuestro maíz», les pidieron. Pero las aves se rehusaron a emprender tan enorme tarea. «Si ni la Lagartija, ni la Serpiente, ni el Conejo, ni el Oso, ni el Lobo pudieron dar forma al terreno», dijo el Buitre, jefe de todas las aves, «nosotros tampoco podremos darle forma».

Por último, los pueblos llamaron al Murciélago. Gritaron hacia lo alto de un viejo árbol rugoso. «Murciélago, por favor, ayúdanos». El Murciélago salió lentamente desde abajo de la desgastada corteza del árbol. Era muy viejo y apenas podía caminar. Bajó del árbol arrastrándose, cojeando y apoyándose en un bastón. Tenía el pelo blanco y las alas arrugadas. Les dijo a los pobladores que no podía ayudarlos, pero ellos imploraron. «Eres nuestra última esperanza», le dijeron al Murciélago. Así que el Murciélago accedió a tratar de dar forma al terreno.

En una noche, el Murciélago se abalanzó y surcó los aires, volando a ras del suelo y creando valles para que el agua se escurriera por los campos. Pero hizo los valles tan profundos que se volvió imposible caminar por el terreno. Los jefes de los antiguos pobladores estaban muy enojados y regañaron al Murciélago.

«Entonces, volveré a dejar el terreno como estaba antes», les respondió el Murciélago.

«No, no», dijeron los jefes. «Solo queremos que hagas las pendientes de los valles menos pronunciadas. Deja parte del terreno plano y no lo cubras todo con montañas».

A la noche siguiente, el Murciélago hizo lo que le pidieron y los jefes estuvieron satisfechos. Agradecieron al Murciélago por darle al terreno la forma que necesitaban para cultivar maíz. Hasta el día de hoy, la Tierra incluye montañas y valles para evitar que la lluvia se estacione en los campos y pudra el maíz.

Mamífero misterioso

La mayoría de los primitivos murciélagos vivían en áreas tropicales que no proporcionaban las condiciones ideales para la formación de fósiles. Como consecuencia, los fósiles de murciélagos más antiguos, que tienen unos 60 millones de años, consisten solo en dientes.

No obstante, hay fósiles completos y bien conservados de murciélagos norteños de 50 millones de años de antigüedad, que demuestran que los murciélagos modernos han sobrevivido, prácticamente sin cambios, durante millones de años. Es recién en el último siglo que los murciélagos han comenzado a sufrir a causa de la interferencia humana. Los espeleólogos o los turistas pueden molestar a los murciélagos que viven en las cuevas. A los murciélagos que viven en las ciudades con frecuencia los matan intencionalmente o los echan de sus moradas. Y la tala y la **deforestación** acaban con los murciélagos que viven en los bosques.

Al anochecer, los murciélagos abandonan juntos sus perchas y primero se detienen a beber de algún arroyo, estanque o lago antes de buscar alimento.

Los investigadores descubrieron que si se apagan las turbinas eólicas por las noches se puede reducir la cantidad de murciélagos muertos en un 70 por ciento.

La Sociedad Norteamericana para la Investigación de los Murciélagos (NASBR, por sus siglas en inglés) es una organización que reúne a grupos de todo el mundo dedicados a la conservación y la investigación de los murciélagos. En uno de los proyectos de NASBR se encontró que las operaciones de energía eólica tenían un impacto negativo en los murciélagos. Las enormes **turbinas** eólicas de 230 pies (70 m) de altura en grandes extensiones de terreno plano o en las cimas de acantilados se usan para aprovechar la energía del viento. En prácticamente todos los casos, se encuentran murciélagos muertos en el suelo al pie de las turbinas. Los investigadores descubrieron que la presión del aire desciende súbitamente conforme el aire fluye por las aspas de la turbina. Cuando los murciélagos vuelan por esas zonas de baja presión, sus pulmones se sobresaturan de aire al instante y, al igual que globos inflados en exceso, los pulmones estallan, causando la muerte de los murciélagos por hemorragia interna.

Los murciélagos que viven en los bosques sufren la pérdida de su hábitat cuando los leñadores talan los árboles donde los murciélagos descansan en percha. El miotis pata larga es un pequeño murciélago café rojizo que descansa en percha en antiguos árboles a lo largo de toda la costa oeste de América del Norte. Se sabe poco sobre las necesidades de hábitat de estos murciélagos, por lo que el Servicio Forestal de los EE. UU. los está estudiando actualmente. El murciélago colilargo está siendo estudiado por la Plantación de Pinos Kinleith, en la Isla Norte de Nueva Zelanda. Proyectos como estos ayudan a determinar la mejor forma de administrar los bosques donde viven especies de murciélagos amenazadas.

Los murciélagos son criaturas frágiles y se necesita un equipo especial para capturarlos con fines de estudios biológicos y conductuales. En la investigación sobre

Algunos murciélagos de la fruta tienen garras extra en cada pata que les permiten sujetarse firmemente a la corteza de los árboles.

murciélagos suelen usarse redes de niebla, que se parecen a las redes de voleibol en su estructura. Se ata una red de nailon casi invisible entre dos postes y se la coloca en algún paso de murciélagos. Incluso si la ecolocalización de un murciélago detecta la red, casi nunca puede maniobrar lo suficientemente rápido como para evitar ser atrapado. Los investigadores retiran de inmediato al murciélago atrapado para que no se enrede, ya que podría dañar sus alas.

Para evitar cualquier riesgo de lesionar las alas de los murciélagos, los científicos usan una trampa arpa. Un marco cuadrado o rectangular soporta dos paredes paralelas hechas con múltiples hilos que cuelgan en forma vertical, semejante a un arpa, y se sujeta una bolsa de plástico a la parte inferior del marco para atrapar a los murciélagos. Esta trampa se coloca a la entrada de las cuevas o alrededor de las zonas de percha en los árboles. Con su ecolocalización, el murciélago detectará la primera pared de hilos y virará para pasar entre ellos. Pero entonces colisionará con la segunda pared de hilos y caerá en la bolsa recolectora.

Los científicos pueden rastrear a los murciélagos capturados colocándoles un Transpondedor Pasivo Integrado (PIT, por sus siglas en inlges). Estas diminutas cápsulas electrónicas se insertan de forma permanente bajo la piel de la espalda del murciélago. Las etiquetas transmiten información sobre dónde y cuándo entran o salen los murciélagos de sus sitios de percha, dónde vuelan y cuán rápido y lejos lo hacen. Esta información ayuda a los conservacionistas a mejorar sus esfuerzos de monitoreo de la salud y las poblaciones de murciélagos.

Sin embargo, no todos los transmisores son permanentes. Existen dispositivos que miden menos de la mitad de una moneda de 1 centavo y se colocan en los murciélagos de forma

temporal. Estos transmisores envían señales de radio a través de largas distancias y proporcionan a los científicos información sobre los hábitos de percha y alimentación. Luego los investigadores retiran los transmisores de los murciélagos tras atraparlos nuevamente, o bien los dispositivos se caen solos después de cierto tiempo.

Los transmisores temporales se usan con mucho éxito en el suroeste estadounidense para estudiar dos especies de murciélagos amenazadas, el murciélago magueyero mayor y el murciélago magueyero menor. En el verano, estos murciélagos se alimentan de las flores y los frutos de los **agaves** y de ciertas especies de cactus. Al alimentarse, los murciélagos polinizan las plantas y dispersan sus semillas. Como son altamente sensibles a las alteraciones ambientales y no pueden viajar largas distancias sin alimento, los murciélagos magueyeros deben descansar en percha sin ser molestados en cuevas y minas cercanas a sus fuentes de alimento. Por ser polinizadores vitales y dispersores de semillas, estos murciélagos son necesarios para el crecimiento sostenido de las plantas de su **ecosistema**. Estudiar a los murciélagos, sus fuentes de alimento y sus sitios de descanso en percha ayuda a los científicos a encontrar maneras de conservar ecosistemas importantes en los desiertos del suroeste.

Los murciélagos tropicales que comen ranas pueden determinar qué ranas son venenosas con solo escuchar sus llamadas de apareamiento.

Los murciélagos son animales importantes para sus ecosistemas, pero también pueden ser huéspedes de muchos virus que son mortales para los humanos, como el de la rabia, el ébola y el SARS. A los murciélagos no les afectan estos virus mortales porque su sistema inmune reacciona de modo diferente. Los científicos han estado estudiando por muchos años esta relación entre murciélagos y virus, con la esperanza de descubrir tratamientos que reduzcan la gravedad de las infecciones humanas.

Ciertos tipos de interferencia humana son el tema de muchas investigaciones sobre murciélagos. Los humanos, con su uso de pesticidas y otras sustancias químicas tóxicas en la agricultura, el vandalismo de las áreas de descanso en percha, su responsabilidad por la destrucción de hábitats, el exterminio de murciélagos individuales y la perturbación a las colonias de murciélagos, contribuyen a la disminución de las poblaciones de murciélagos en todo el mundo. Como sucede con cualquier especie animal cuya existencia en la naturaleza se ve alterada, los murciélagos están en peligro de extinción si no se monitorea y gestiona de manera apropiada la cantidad de ejemplares.

Desde 2006, una enfermedad fúngica de rápida propagación llamada síndrome de la nariz blanca ha matado a millones de murciélagos en hibernación, especialmente en América del Norte. Este hongo se ve como una pelusa blanca en la cara del murciélago; de ahí el nombre de esta enfermedad. Los murciélagos infectados sufren cambios de comportamiento que los vuelven más activos durante el invierno y esto provoca que agoten sus reservas de grasa tan necesarias, poniendo su vida en riesgo. Aún no existe cura, pero los investigadores están trabajando para tratar de controlar la enfermedad que se propaga por todo el mundo.

A pesar de los nuevos descubrimientos sobre el importante papel que desempeñan los murciélagos en sus respectivos ecosistemas, muchas personas aún les temen. Como resultado, estas tímidas criaturas han sido perseguidas por varias generaciones. La investigación continua y la educación pública podrán algún día derribar los mitos que rodean a los murciélagos y ayudar a las personas a apreciar mejor a estas fascinantes y valiosas criaturas.

Glosario

agave – planta tropical de América con hojas en forma de espada y flores sobre espigas altas.

camuflado – escondido, debido a sus colores o marcas que se confunden con un entorno determinado.

culto – grupo de personas que adoran a una figura u objeto en particular.

deforestación – talar los árboles de un bosque.

ecolocalización – sistema usado por algunos animales para ubicar e identificar objetos al emitir sonidos muy agudos que rebotan en el objeto y regresan a los oídos u otros órganos sensoriales del animal.

ecosistema – una comunidad de organismos que viven juntos en un ambiente.

gestación – el período de tiempo que le lleva a una cría desarrollarse dentro del vientre de su madre.

hibernar – pasar el invierno en un estado de somnolencia en el que la respiración y el ritmo cardíaco se ralentizan.

membrana – capa delgada y transparente de tejido que cubre un órgano interno o extremidad en desarrollo.

metabolismo – los procesos que mantienen vivo a un cuerpo, incluyendo usar los alimentos para obtener energía.

mitología – conjunto de mitos o creencias o historias tradicionales o populares que explican cómo algo empezó a existir o que están asociados a una persona u objeto.

néctar – el fluido azucarado producido por una planta.

polen – material en polvo producido por las plantas y usado para reproducirse.

polinizador – animal o insecto que transporta polen de una planta a otra, ayudando así a la reproducción de las plantas.

primate – mamífero con un cerebro grande y manos prensiles; los lemures, los monos, los simios y los humanos son primates.

tótem – un objeto, animal o planta respetado como símbolo de un grupo y a menudo usado en ceremonias y rituales.

turbina – una máquina que produce energía cuando el viento o el agua hacen girar sus aspas, que están unidas a una rueda o un rotor.

zoólogo – persona que estudia los animales y sus vidas.

El murciélago pinto, uno de los más raros del mundo, es negro con tres puntos blancos y tiene las orejas más grandes que cualquier otro murciélago norteamericano.

Bibliografía seleccionada

Bat Conservation International. "Bats 101." https://www.batcon.org/about-bats/bats-101.

Bat World Sanctuary. "Conservation Efforts." https://batworld.org/conservation-efforts.

Fenton, M. Brock. *Bats: A World of Science and Mystery*. Chicago: The University of Chicago Press, 2014.

Krebbs, Karen. *Bat Basics: How to Understand and Help the Amazing Flying Mammals*. Cambridge, Minn.: Adventure Publications, 2019.

Taylor, Marianne. *Bats: An Illustrated Guide to All Species*. Washington, D.C.: Smithsonian Books, 2018.

Tuttle, Merlin D. *The Secret Lives of Bats: My Adventures with the World's Most Misunderstood Mammals*. Boston: Houghton Mifflin Harcourt, 2015.

Índice alfabético